AF582107

LES REIOVISSANCES DV COLLEGE DE TOVRNON,

De la Compagnie de IESVS.

POVR LA NAISSANCE DE MONSEIGNEVR LE DAVPHIN.

A VALENCE,

Chez PIERRE VERDIER Imprimeur du Roy & de l'Vniuersité. 1662.

Du R. P. Motet de la C. d. J.

son tres humble et tres obeiss serviteur A. Lescigle

AV DAVPHIN.

ONSEIGNEVR,

Apres que toute l'Europe a rendu des glorieux homages à vostre Naißance, Nous prenons la liberté de vous rendre les Nostres, & de vous offrir vn Present, qu'on estimera possible digne de vous, puisque c'est la fidéle representation de vos veritables Grandeurs. On a dit autrefois qu'il falloit vn Apellés pour peindre vn Alexandre; mais nous asseurons auiourd'huy, qu'il ne fut iamais de main assez sçauante, de pinceau assez delicat, ny de couleurs assez éclatantes, pour faire vostre

Portrait ; Il n'y a que le Ciel qui nous puisse donner la Copie, comme il nous a donné l'Original ; c'est vn Arc sans fléches & sans traits ; c'est vn Cercle tissu de Diamans, d'Emeraudes & de Rubis ; c'est vn admirable Meteore, où nous auons remarqué tant de rapport auec vostre Personne, qu'il peut passer pour vne Image naïue de vostre Royale Naissance. Nous allons donc éleuer cet Arc à vostre Gloire, MONSEIGNEVR, *& l'ériger en Arc de Triomphe, pour seruir de prelude à ceux qui embeliront vn iour vos Victoires. La Terre n'ayant rien de plus riche, n'y de plus Illustre, que les Sceptres & les Diademes, vous destine déja tous ceux que vos Ancestres ont porté, & vous presente par nos mains trois Couronnes que vostre Naissance, vostre Merite, & l'Election des Peuples vous donneront vn iour. Agreez,* MONSEIGNEVR, *ces premices de nostre zele, & receuez-les, comme des preuues indubitables de la tendre passion que nous auons d'estre,*

MONSEIGNEVR,

De V. A. R.

Tres-humbles, Tres-obeïssans, & Tres-fidéles Seruiteurs, les Escholiers du College de la Compagnie de IESVS.

DESSEIN.

LE Dessein des Rejoüissances qu'on a faitès en ce College, pour la Naissance de MONSEIGNEVR LE DAVPHIN, est diuisé en deux Parties. La premiere comprend vn Balet, sous ce titre L'ARC-EN-CIEL, FILS DV SOLEIL. Et la deuxiéme contient vn Exercice general de nos Muses, qui represente le DAVPHIN COVRONNE' DANS LE PALAIS DE LA GLOIRE : L'vn & l'autre sujet vous paroîtra également Iuste & Pompeux, si vous lisez icy dans le détail les beautez & les rapports que nous y auons remarquez ; car pour ce qui est du Balet, la production de l'Iris ne represente pas mal la Naissance du Dauphin ; Et de fait, 1. L'Arc-en-Ciel est l'Original que la Nature a pris plaisir d'imiter par la production des Pauilles, qui portent le mesme Nom, comme elles representent les mesmes couleurs ; & il y a grand fondement de croire que ces Fleurs estoient les Armoiries de nos anciens Roys, & que ce sont les veritables Fleurs de Lys de France, comme il est aisé de reconnoistre par leur figure. 2. L'Arc-en-Ciel est la Merueille de la Nature, & l'Ornement du Ciel ; Platon le nomme le Fils de l'Admiration ; & à juger de nostre Prince, nous pouuons dire, qu'il doit estre le Miracle des Roys, & que les conjonctures de son Illustre Naissance, sont vn heureux presage qu'il sera l'Admiration de son Siecle. 3. L'Iris a la figure d'vn Arc, qui est vn signe naturel de la Guerre : Mais Dieu qui change la nature des choses quand il luy plait, l'a pris comme vne belle chiffre d'amour, & vn magnifique Article de trêue, de paix, & de pardon : Les Dauphins pareillement, comme les Naturalistes remarquent, presagent les tempestes & les orages, paroissans sur la mer ; mais ce Dauphin de nostre France, qui est le Fruit d'vn Mariage, qui a pacifié toute l'Europe, affermit la Paix conclue apres vne Guerre également longue & cruelle. 4. L'Arc-en-Ciel est le plus beau Fils du plus beau Pere qui soit dans la Nature ; & cet Enfant Royal qui vient de naistre, est le plus digne Fils du plus grand Monarque qui soit au Monde ; puisque l'on sçait que c'est vn riche composé de Majesté & de Beauté, & que la blancheur de son teint est rehaussée d'vn si bel incarnat, qu'il paroit estre vn mélange de Lys & de Roses. 5. Enfin comme l'Arc-en-Ciel est vn fidéle Tableau qui represente le Dauphin, auec le plus de justesse & de rapport : aussi le Soleil, est le symbole de nostre Roy, le plus parfait que l'on puisse donner : l'vn & l'autre est vnique dans son genre : Celuy-là ne voit point d'Astres dans le Ciel qui luy soient comparables, ny celuy-cy de Souuerains qui le puissent égaler sur la Terre.

Le Balet est diuisé en trois Parties, & represente dans son intrigue sur la production de l'Iris, la Naissance de Monseigneur le Dauphin, precedée comme d'vne disposition & d'vne cause necessaire, de la Paix entre les deux Couronnes, & du Mariage du Roy auec l'Infante d'Espagne : La premiere partie montre le calme procuré dans l'air, figure de la Paix ; La Seconde fait voir l'aspect du Soleil & de la Nuë, symbole du Mariage ; & la Troisieme contient la production de l'Arc-en-Ciel, qui represente le Dauphin. Le sujet est allegorique, & fait allusion à ce qui s'est passé dans les conjonctures de la Paix & du Mariage du Roy, comme les Intelligens voyent assez, sans auoir besoin d'autre explication. Les Entrées seront accompagnées de Poësies conformes aux Personnages qu'elles contiennent. La Decoration du Theatre, est vne belle Architecture, où sont gardées toutes les proportions de l'Art ; à chacune des aisles, on voit deux grandes Colomnes qui forment vne espece d'entrée fort agreable, & au milieu qui fait vn enfoncement, paroit vn Ciel, partie couuert, partie serein, où le Soleil produit vn Arc-en-Ciel des plus brillans, auec cette Ame *Natiuâ se in imagine pingit.* L'Emblême qui exprime le dessein du Balet represente le Roy qui a transmis tous les traits de ses Vertus dans le Dauphin, comme dans son image viuante. Au dessus de la Corniche, on lit sur vn fonds d'azur ces paroles écrites en Lettre d'or, qui seruent de titre, L'ARC-EN-CIEL, FILS DV SOLEIL.

La deuxième Partie de nostre dessein, executé dans la belle Cour du College, represente vn Triple Couronnement du Dauphin dans le Palais de la Gloire, par le Roy son Pere, par la Reyne sa Mere, & par soy-mesme, & ses propres vertus. Il reçoit du Roy la Couronne de France, qui est deüe à sa Naissance ; les Peuples par leur Election reconnoissent en luy le Sang d'Austriche, qu'il tire du costé de la Reyne, & luy offrent la Couronne de l'Empire ; son merite & sa valeur luy promettent la troisiéme Couronne, & le font Roy de la Terre-Saincte. Trois faces de la Cour sont occupées à representer cette auguste Ceremonie ; la Premiere est destinée pour le Roy, la Seconde pour la Reyne, la Troisiéme pour le Dauphin, & la quatriéme qui reste, est employée pour le Theatre.

L'ARC-EN-CIEL FILS DV SOLEIL

BALET

DEDIÉ AV DAVPHIN.

Et representé par les Escholiers du College de Tournon.

AV DAVPHIN.

SONNET.

DAVPHIN, en qui le Ciel pour faire l'alliance
De l'ame la plus belle auec le plus beau corps,
A si bien assemblé ses plus rares thresors,
Et si bien surpassé toute nostre esperance:
Voyez de vos Vertus & de vostre Naissance
Vn Tableau que le Rhosne a monstré sur ses bors,
Où la Terre & le Ciel par de communs accords,
A le rendre parfait ont vni leur puissance.
Puis que pour vous tirer en ce nouueau Portrait,
Vne nuë est le fonds ; la lumiere, le trait,
Et les couleurs, l'émail de toute la nature:
Le Peintre est le Soleil; ses Rayons, le Pinceau;
I'ose bien défier tout l'art de la Peinture,
De produire jamais vn Ouurage si beau.

L'ARC-EN-CIEL FILS DV SOLEIL BALET, DIVISE' EN TROIS PARTIES.

PREMIERE PARTIE.

Le calme procuré dans l'air.

OVVERTVRE.

L'Avrore qu'Eurypide appelle élegamment la Paupiere du jour, fait l'Ouuerture du Balet; elle est vestuë de sa couleur & paroit sur vn char doré, portant quantité de fleurs qu'elle espand de tous costez, pour marquer cette riche effusion de Couleurs qui se font voir à la naissance du jour; apres quoy Elle declare le dessein que le Soleil a pris de produire vn Arc-en-Ciel, le plus beau qui parût jamais dans la nature.

RECIT.

Fvyez Hiboux, r'entrez dans vos demeures sombres,
Vieux Ennemis du iour,
Ie viens chasser la nuit & dissiper les ombres,
Pour regner à mon tour.

Mais vous, dont la douceur des chansons innocentes
Fait retentir les Bois,
Rossignols, petis Rois des familles volantes,
R'animez vostre voix.

De vos plus doux concers deployez les Merueilles
D'vn ton si rauissant,
Qu'il enleue l'esprit en flatant les Oreilles
Par vn charme puissant.

Et vous peuples diuers, qui reposez encore
Dans les bras du sommeil,
Pour voir vn bel obiet que vous offre l'Aurore,
Hastez vostre reueil.

C'est vn iour bien-heureux, à qui le Ciel prepare
Vn éclat tout nouueau,
Il étale pour luy ce qu'il a de plus rare,
De plus pur, de plus beau.

Il fermera l'entrée à ces vapeurs funestes,
Où mille petis corps
Causent secretement, par d'inuisibles Pestes,
Mille sensibles Morts.

Le Soleil faisant voir sur son char de lumiere
Vn plus brillant atour.
Doit quitter aujourd'huy son ancienne Carriere,
Pour faire vn nouueau Iour.

Il s'escartera loing des chemins, où les Nuës
Font des obscuritez:
Et suiura dans les Cieux des routes inconnuës,
Qui n'ont que des clartez.

Dans ces lieux, où jamais le Tonnerre ne gronde,
Par vn noble dessein
Vn effet qui sera la merueille du Monde,
Sortira de son sein.

D'abord qu'il paroistra, les beautez de la Terre
Perdront tous leurs appas,
Et comme si dés lors, il leur liuroit la Guerre,
Fuiront deuant ses pas.

C'est vn bel Arc-en-Ciel ; cet Arc dont la figure
Et les traits menaçans,
Donnent vne peur vaine à toute la Nature,
Et descoups innocens.

Mais tous ceux qu'on a veu sur la terre & sur l'onde
Dans les siecles passez
Ces Portraits rauissans d'vne Clarté feconde
Ne marquoient pas assez.

Ils estoient des tissus d'vne foible matiere,
Et des Rudes Crayons,
Pour produire vn extrait de plus viue lumiere
Et de plus purs rayons.

Ce que l'astre du jour a de riche peinture
Dans ses brillans Thresors,
Ce qu'il sçait attirer du sein de la Nature
Par de secrets ressors:

Ce sçauant Artisan le va mettre en vsage,
Faisant voir à vos yeux,
Vn Arc-en-Ciel nouueau, le plus parfait ouurage,
Qui soit dessous les Cieux.

Admirez donc l'effet d'vne noble Puissance,
En ce Fils du Soleil,
Et dittes, pour louër son heureuse Naissance,
Qu'il n'est rien de pareil.

PREMIERE ENTRE'E.

LE Soleil n'a pas plûtot conceu le noble projet de produire l'Arc-en-Ciel, que les Dieux s'assemblent pour deliberer sur les moyens d'auancer la Naissance de cette Merueille du Monde; chacun dit son auis, & tous s'accordent à mettre dans l'air le calme souhaitté depuis si long-temps; Mars mesme, tout ennemi du repos qu'il est, proteste hautement, qu'il veut contribuer plus que nul autre à ce loüable dessein.

SECONDE ENTRE'E.

MERCVRE est deputé des Dieux pour témoigner au Soleil l'extreme desir, qu'ils ont de voir cet Iris incomparable: & pour le solliciter de se haster, ce fidéle Messager l'asseure de leur part, qu'ils ont resolu de s'vnir auec luy pour trauailler de concert à ce bel Ouurage.

TROISIEME ENTRE'E.

QVATRE Zephirs choisis, comme les plus propres à cet effet, employent leur souffle delicieux à écarter doucement les nuës, & à dissiper ces vapeurs malignes qui causent les orages; ils en viennent heureusement à bout, & leur douceur est plus efficace, que la violence des vents les plus furieux.

QVATRIEME ENTRE'E.

LE Calme remis dans le vaste Empire de l'air, se fait voir entre l'Aquilon & le vent de midy ses plus grands ennemis qu'il a assuiettis à sa puissance; pour marque de leur seruitude, il les tient enchaînez, & les oblige de suiure en cette posture, pour honorer son triomphe auec plus de pompe.

INTERMEDE DE DANSE.

VN François & vn Espagnol dansent sur vn mesme air, pour marquer la reünion de ces deux Nations, & la Paix concluë entre les deux Couronnes: Mais la diuersité de leurs gestes & de leur pas fait reconnoistre celle de leur genie & de leurs mœurs.

SECONDE PARTIE.

L'Aspect du Soleil & de la Nuë.

OVVERTVRE.

IVNON, Reine de l'air, parée pompeusement à la Royale, se fait voir sur vn beau char tiré par deux Paons ; & publie de là le soin qu'elle a pris pour choisir la plus agreable des Nuës, & la presenter aux Rayons du Soleil.

RECIT.

IE suis cette puissante Reine,
Que l'on adore dans les Cieux,
Et qu'on reconnoit en tous lieux
Pour la Deesse souueraine,
I'ay mon Empire dans les Airs
Et tous ces espaces diuers,
Qui du Ciel jusques à la Terre
Paroissent aux yeux des Mortels,
Sont consacrez à mes Autels,
Et selon mes desirs ont la Paix ou la guerre.

Pour signaler cette Puissance
En ce beau jour où le Soleil
Pour faire vn Iris nompareil
Me demande mon Assistance;
Il faut que mon rare pouuoir
En sa faueur se fasse voir,
Et que le comblant d'allegresse,
En fauorisant son desir,
I'aille sans delay luy choisir
Le present le plus beau de toute ma richesse.

Tout le Ciel vient à ma rencontre,
Il ramasse de toutes parts
Ce qu'il a de thresors épars
Pour m'en faire vne riche monstre:
Mais parmy tout cet appareil
Vne nuë a raui mon œil,
Il n'en fut jamais de plus belle;
Les perles & les diamans
Ne sont que de vains ornemens
A quiconque les veut comparer auec elle.

Dans vne pompe inconceuable,
Elle paroit vers le Couchant;
Le Sud, le Nord, & l'Orient
N'ont rien qui luy soit comparable:
Quoy qu'elle s'ayme dans ces lieux,
Qu'elle rend si delicieux,
Ie sçay pourtant, si ie l'inuite,
A joindre au Soleil son éclat,
Qu'il n'est point de si doux Climat
Que pour ce beau dessein d'abort elle ne quitte.

Ie va donc dire à cette belle,
Qu'il faut en cette occasion,
Suiure mon inclination,
Et montrer qu'elle m'est fidele.
Venez donc bel objet d'Amour,
Approchez le Pere du jour,
Il faut que dans cette journée
Vos brillans, joins à sa clarté
Fassent dire auec verité.
Qu'il n'est rien de pareil à vostre destinée.

PREMIERE ENTRE'E.

LEs Elemens loüent l'empressement de Iunon, & fauorisant son dessein, offrent ce qu'ils ont de plus precieux ; le Feu, ses plus pures flâmes ; l'Air, sa plus douce rosée ; l'Eau, ses vapeurs les plus subtiles ; & la Terre, ses plus legeres exhalaisons, pour former l'Arc-en-Ciel.

SECONDE ENTRE'E.

LE Dieu de l'air, accompagné des quatre Saisons fait partir la Nuë du Couchant, pour la faire venir au Semptentrion. Le Printemps paroist couronné de fleurs ; l'Esté d'espics ; l'Autonne de pampres & de raisins ; l'Hyuer de feüilles de lierre ; & chacun se dispose à luy faire present de sa Couronne.

TROISIEME ENTRE'E.

TRois Astres de la premiere grandeur viennent au deuant du Soleil, pour l'aduertir du départ de la Nuë. A cette nouuelle il recueille ce qu'il a de plus purs rayons, pour le répandre agreablement sur ce charmant objet.

QVATRIEME ENTRE'E.

LE Soleil suiui de plusieurs Astres obscurcis par son éclat ébloüissant, se montre auec toute la pompe de sa lumiere, & auec cette Couronne de rayons, que la veüe a peine de supporter : d'abord il se tourne vers cette belle Nüe, & la rend toute brillante par ses aymables regards.

INTERMEDE DE DANSE.

TRois Paysans à qui la celebrité d'vne Nopce de Village a fait quitter le trauail pour se donner du bon-temps, dansent à leur mode ; la joye qu'ils font paroistre dans cette conjoncture, represente les rejoüissances vniuerselle, squ'on a fait pour le mariage de nostre grand Monarque.

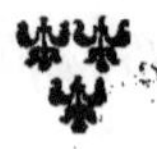

TROISIEME PARTIE.

La Production de l'Arc-en-Ciel.

OVVERTVRE.

L'Estoile qui preside à la naissance de ce merueilleux Fils du Soliel, se détâche du Firmament; & apres auoir découuert dans le Ciel ses belles auantures, vient faire son Horoscope en Terre, & predire aux hommes le bonheur qui le doit accompagner durant sa vie inseparablement.

RECIT.

ENfin tout est en paix, la Mer est sans naufrages,
Tout est calme dans l'air, on n'y voit plus d'orages,
Le Monarque des Cieux n'apperçoit dans son cours
Rien qui puisse arrester l'effet de ses Amours;
Déja de ses rayons vne éclatante Nuë
De sterile qu'elle est, feconde deuenüe,
Fait voir à l'Vniuers cet Enfant du Soleil;
Qui sera comme luy l'vnique & sans pareil:
Les Dieux intereßez à l'heur de sa Naissance
M'ordonnent de choisir la plus douce influence,
Mortels, par cette douce & benigne clarté,
Connoissez & mon zele & ma fidelité;
I'ay chassé ces vapeurs qui roulant sur vos testes,
Fomentent dans leur sein la foudre & les tempestes,
Le Chien si redouté par sa mortelle ardeur
Quitte tout à la fois sa rage & sa chaleur;
Le fier Archer aussi, de ses armes brillantes
Ne fait plus endurer tant de morts violentes;
Et le fatal Serpent retient dans sa prison
Son plus cruel venin & son plus noir poison.
Ie n'ouure que les yeux des fauorables signes,
Qui des heureux destins, sont les sources insignes,

Qui pouſſez d'vn grand zele & tous plains de reſpects,
Vont répandans ſur luy leurs fortunez aſpects;
Et veulent faire voir par ce fidéle homage.
Qu'ils reſpectent le Pere en reſpectant l'Image.
La Vierge de ſes yeux animée de pudeur,
Inſpire dans ſon ſein vne pudique ardeur,
Et mélant ſes beaux traits à ceux de la balance,
Peint en luy la Iuſtice auecque l'Innocence:
Enfin tout ce qu'on voit au Ciel de plus riant,
S'empreſſe d'enrichir ce demy-Dieu naiſſant.
Eſprits qui preuenez ſes futures années,
Cherchant dans l'aduenir ſes belles deſtinées,
Sans aller à la Parque, interrogez les Cieux,
Puiſque c'eſt le preſent & l'ouurage des Dieux.
D'vn coſté le Soleil, ce grand maiſtre du monde,
Et de l'autre vne Nuë en beauté ſans ſeconde,
Vnis du ſacré nœud d'vn pur & chaſte amour,
Sont les Diuinitez qui luy donnent le iour:
On voit briller en luy la Maieſté du Pere;
On voit briller en luy la beauté de la Mere:
L'œil meſme le plus clair le trouuant ſi parfait,
Penſe voir le Modele & non pas le Portrait.
Le Turc ſous ſon aſpect changera de fortune,
Preferant ſes rayons aux clartez de la Lune
Suiuant leur ancien culte, & la Perſe & Memphis
Adoreront le Pere en adorant le Fils,
L'Orient tout ioyeux ſe promet des careſſes,
Qui feront augmenter ſon or & ſes richeſſes,
Où ſes yeux bien-faiſans tourneront leurs regards,
La Palme & le Laurier croiſtront de toutes parts,
Et ſous vne conſtante & feconde influence,
Il portera par tout la Paix & l'abondance.

PREMIERE ENTRE'E

LA Lumiere presente au Soleil les couleurs les plus belles pour orner son Arc-en-Ciel. Cet habile Ouurier fait choix d'vn Rouge éclatant, d'vn Vert gay, d'vn Azur precieux & d'vn beau jaune.

SECONDE ENTRE'E

QVATRE Intelligences de celles qui reglent les mouuemens des Astres portent dans des phioles de Cristal les plus benignes influences des Cieux pour les verser auec profusion sur ce fauori des Dieux, & ce Miracle de la Nature.

TROISIEME ENTRE'E

ENFIN l'Arc-en-Ciel qui tenoit toutes les Creatures en suspens, se montre aux yeux, auec des charmes qui surprenent d'abort l'esprit, & fait adouoër qu'on ne vit jamais au monde d'ouurage pareil à cet Extrait des plus viues clartez & des lumieres les plus sensibles du Soleil.

QVATRIEME ENTRE'E

LEs quatre parties du monde, l'Europe, l'Asie, l'Afrique & l'Amerique conduites par l'Admiration qui leur fait remarquer les traits les plus delicats de cette beauté acheuée, contemplent ce bel objet auec des yeux auides, & confessent ingenuëment qu'elles ne contienent rien dans leur enceinte qui luy soit comparable.

CINQVIEME ENTRE'E

TRois Lys agreablement épanoüis remarquables par vne odeur charmante, étallent leur beauté à la faueur de l'Irys, qui les fait croistre également en grandeur & en perfection.

LE GRAND BALET

LEs sept Planetes promettent au Dauphin vne vie longue & fortunée, & bien qu'ils soient differents dans leurs mouuements & dans leurs cours, ils s'accordent tous neantmoins à [illegible] des routes, qui luy soient fauorables, & reglent si justement leurs pas, qu'ils expriment ces paroles à la cadence des violons, VIVE LE DAVPHIN.

PERSONNAGES, ET NOMS DES ACTEVRS.

PREMIERE PARTIE.

OVVERTVRE.

L'AVRORE. Guill. Pelissier, *de Tournon*

PREMIERE ENTRE'E.

LES DIEVX.

IVPITER. Charles de Lestrange, *du Viuarez.*

SATVRNE. Iust-Henry de Cubleze, *du Velay.*

MARS. Iaques Deurre, *de Montelimar.*

NEPTVNE. Ioachim Deroquart, *de Boulaines.*

ÆOLE. François Barjon, *d'Annonay.*

SECONDE ENTRE'E.

MERCVRE. François Lombard, *d'Annonay.*

TROISIEME ENTRE'E.

LES ZEPHYRS.

1. Gabriel de Mereys, *du Viuarez.*
2. Gabriel de Brette, *d'Heurre.*
3. Charles François des Alarics, Comte de la Baume Cornilhane, *de Valreas.*
4. François Philippe de Pingré, *de Montelimar.*

QVATRIEME ENTRE'E.

LE CALME. François Fontcouuerte, *de S. Marcellin.*

L'AQVILON. François de Ferraillon, *de Valence.*

LE VENT DE MIDY. François de Montagnac, *de Giuodan.*

I. INTERMEDE.

LE FRANÇOIS. Iean Louys Bergier, *de Valence.*

L'ESPAGNOL. Ambroise Ferrary, *de Lyon.*

SECONDE PARTIE.

OVVERTVRE.

IVNON. Charles François des Alarics Comte de la Baume Cornilhane.

PREMIERE ENTRE'E.

LES ELEMENS.

LE FEV. Iean Barret, *de Tournon.*

L'EAV. Iean Ioseph de S. Barthelemy, *de S. Barthelemy.*

LA TERRE. Iean Ruel, *de Romans.*

L'AIR. Charles Brenier, *de S. Marcellin.*

SECONDE ENTRE'E.

LE DIEV DE L'AIR, ET LES SAISONS.

~~Le Printemps. Guill. Pelissier.~~

L'ESTE'. Pierre Dauphin, *de la Motte.*

L'AVTOMNE. Antoine Serue, *d'Andãce.*

L'HYVER. Iean Bapt. Bouetz, *de Valẽce.*

LE DIEV DE L'AIR. François la Grange, *de S. Marcellin.*

TROISIEME ENTRE'E

LES ASTRES.

1. Pierre Chabran, *de Romans.*
2. Charles Franç. de Bressac, *de Valence.*
3. Ioseph Fabry, *de Piolent.*

QVATRIEME ENTRE'E.

LE SOLEIL. Charles de Lestrange.

LA NVE. Henry de Cubleze.

II. INTERMEDE.

LES PAYSANS.

1. François Lombard.
2. Ambroise Ferrary.
3. Pierre Forel, *de Satilieu.*

TROISIEME PARTIE.

OVVERTVRE.

L'ESTOILE. Iean Baptiste Bouetz,

PREMIERE ENTRE'E.

LA LVMIERE, ET LES COVLEVRS.

LA LVMIERE. Gabriel de Mereys.
LE ROVGE. Gabriel de Brette.
LE VERD. Charles François des Alarics.
LE BLEV. François Philippe de Pingu.
LE IAVNE. Franç. Arnoux, *de Loriol.*

SECONDE ENTRE'E.

LES INTELLIGENCES.

1. Antoine Romanet, *de Romans.*
2. Claude de Beaufort Vicomte d'Ali, *de Saint Vidal.*
3. Armand de Precontal, *de Montelimar.*
4. Iean Trenat, *de Romans.*

TROISIEME ENTRE'E.

L'ARC-EN-CIEL.

Barthelemy François de Playné, *de Playné.*

QVATRIEME ENTRE'E.

L'ADMIRATION. François la Grange.
L'EVROPE. Florimond de Truchet, *du Viuarez.*
L'ASIE. Louys Arnoux, *de Loriol.*
L'AFRIQVE. Iaques Iosseran, *de Tournon.*
L'AMERIQVE. Pierre Forel.

CINQVIEME ENTRE'E.

TROIS FLEVRS DE LYS.

1. Iean Ruel.
2. Gabriel de S. Vincent, *de Tournon*
3. Charles Grouson, *de Tournon.*

Dansera apres l'ouuerture de chaque Partie.

François Garagnol de Cugi, *de Saint Martellin.*

GRAND BALET.

LES SEPT PLANETES.

SATVRNE. Charles de Lestrange.
IVPITER. Iust-Henry de Cubleze.
MARS. Iaques Deurre.
LE SOLEIL. Iean Louys Bergier.
VENVS. Ioachim Deroquart.
MERCVRE. Iean Barres.
LA LVNE. François Barjon.

SECONDE PARTIE DES REIOVISSANCES

LE DAVPHIN COVRONNÉ DANS LE PALAIS DE LA GLOIRE.

AV DAVPHIN

SONNET

L E *Ciel fera fleurir le Royaume de Lys,*
L'Honneur, la Pieté, la Paix & la Victoire,
Donneront vn beau jour aux traits de vostre Histoire,
Et vous rendront pareil à nostre grand Louys.
Déja de vos brillans les hommes éblouïs,
Et les sçauantes Sœurs, ces Filles de memoire,
Vous dressent pour sejour, LE PALAIS DE LA GLOIRE,
Où vos Faits paroistront par les Arts embellis:
Ces homages rendus à vos Grandeurs futures
Presageront icy vos belles Aduantures,
Incomparable Fils du plus puissant des Roys;
Ce qu'on ne vit jamais en nulle autre Personne,
On voit en vous LE SANG, LE MERITE, ET LE CHOIX,
Vous offrir par auance VNE TRIPLE COVRONNE.

www.ingramcontent.com/pod-product-compliance
Lightning Source LLC
LaVergne TN
LVHW050511160826
845677LV00003B/1067